CROIRE EN SOI

De la même autrice aux Éditions Jouvence

Le Chlorure de magnésium
Le Vinaigre santé
Soignez vos maux courants par la réflexologie faciale
Le Dien' cham', avec Nhuan Le Quang
Bien dormir, enfin !
L'argile facile
Vivre au positif
Oser parler en public
Cuisine végétarienne rapide
Remèdes maison
Médecines douces pour animaux

ÉDITIONS JOUVENCE
France : BP 90107, 74161 Saint-Julien-en-Genevois Cedex
Suisse : Route de Florissant 97, 1206 Genève
Site Internet : **www.editions-jouvence.com**
E-mail : info@editions-jouvence.com

Catalogue gratuit sur simple demande.

ISBN : 978-2-88953-706-8

Maquette de couverture : François Lamidon
Couverture : Éditions Jouvence
Mise en pages : SIR

Marie-France
MULLER

CROIRE EN SOI

La clé d'une vie heureuse

JouVence

Sommaire

À René…

Croire en soi, c'est faire confiance à la sagesse qui nous a créés, savoir que la vie est la plus forte et que nous tenons d'elle toutes ces merveilleuses potentialités, tous ces talents dont nous ne faisons pas toujours l'usage qu'ils mériteraient.

Croire en soi, c'est avant tout s'aimer et se faire confiance à soi-même, quoi qu'il arrive, dans la joie et dans la peine, dans la réussite et dans l'apparence de l'échec, dans le soleil aussi bien que dans les ténèbres, car ils président toujours à la naissance de la Lumière du jour nouveau.

Introduction

Êtes-vous de ceux qui ont confiance en eux, qui croient en eux-mêmes de façon indéfectible, y compris en cas de difficultés ou face à l'échec ? Autrement dit : êtes-vous un « gagnant », dans votre vie matérielle aussi bien que dans votre vie intérieure ou votre santé ? Ou êtes-vous de ceux qui se découragent pour un rien, qui préfèrent souvent ne pas entreprendre de peur de ne pas arriver au bout de leur projet, d'avoir à affronter une opposition ou le risque d'échec inhérent à toute entreprise ?

Quand vous croyez en vous, quand vous vous comportez envers vous-même comme un ami, c'est-à-dire *avec amour*, rien ne vous résiste et les réponses à vos problèmes se présentent d'elles-mêmes, quasi magiquement. Les « coïncidences » heureuses se font plus fréquentes dans votre vie et cette synchronicité démontre votre harmonisation avec l'énergie qui emplit l'Univers. Votre santé s'améliore et vos capacités en tous domaines se décuplent.

Encore faut-il que votre comportement soit sincère : notre époque insiste tant sur le « paraître » que l'on peut vous avoir enseigné *à sembler* être un gagnant (toutes les formations commerciales le font !) alors qu'au fond de vous, la réalité est bien différente. Or ce qui « marche », ce qui régit vraiment votre vie, c'est votre croyance profonde, ce que vous pensez et ressentez vraiment : de vous, des autres, des circonstances, de l'amour, de la vie, de la société, du but de votre existence en ce monde, etc.

Je vous propose ici de vous pencher sur l'image que vous vous êtes faite de vous-même afin de l'améliorer, si nécessaire, ou la réajuster si besoin est. Il n'est pas question de se créer une vision artificielle de soi, bien entendu : mais vous êtes digne de votre propre amour et de celui des autres, cela je puis vous l'affirmer. Cette prise de conscience fondamentale changera votre vie. De même votre objectivité est-elle de première importance, condition préalable à toute réforme. Seul agit ce qui est vrai et les illusions ne sont que des faux-fuyant assombrissant la réalité magique de votre véritable moi.

Quand vous l'aurez mis à jour, je vous promets que vous l'aimerez. Vous serez alors capable d'agir, vivre, aimer, penser, créer avec son aide et sans ces obstacles et barrages divers que vous aviez coutume de placer en travers de votre propre route, quitte à vous en plaindre ensuite (« Je n'ai vraiment pas de chance… Et puis, je suis si nul avec les autres, si embarrassé, incapable de m'exprimer comme je le voudrais… D'ailleurs, personne ne m'aime… Je suis maladroit… Je ne sais rien faire de mes dix doigts, etc.).

Toutes ces visions négatives de vous-même n'ont que peu à voir avec votre réalité : encore vous faut-il en prendre conscience.

Le programme de travail que je vous propose porte sur trois points essentiels qui découlent l'un de l'autre. Aussi est-il préférable de suivre la progression logique de ce livre. Vous allez commencer par mettre à jour l'image que vous vous êtes faite de vous-mêmes. Vous retravaillerez ensuite cette image. Les transformations opérées vous amèneront à éprouver de l'estime à votre propre égard : ce n'est qu'alors que vous commencerez à vraiment vous aimer vous-même, tant il est vrai que l'on ne peut guère aimer véritablement quelqu'un que l'on n'estime pas. Enfin, et seulement alors, pourrez-vous réellement *croire en vous* !

Si vous le suivez bien, ce programme va éclairer votre vie !

Chapitre 1

Croire en soi : qu'est-ce que cela signifie ?

Vous désirez obtenir une promotion… Vous recherchez un emploi qui vous plaise… Vous rêvez d'enfin rencontrer l'âme sœur, celui ou celle qui vous convient vraiment… Vous aimeriez vous sentir partout à votre aise comme votre amie Sylvie qui, elle, « réussit toujours à s'entourer de gens où qu'elle aille »… Vous souhaiteriez mieux « habiter » votre corps, disposer d'un certain pouvoir sur votre état de santé… En tous ces domaines et en bien d'autres encore, une bonne image de vous-même – c'est-à-dire la capacité de vous voir correctement – est la condition première de la réussite et du succès.

Comment en effet réussirez-vous à persuader qui que ce soit de votre valeur… si vous-même n'y croyez pas ? Quant au résultat, il ne sera durable que dans la mesure où vous aurez été honnête avec les autres et ne leur aurez pas menti en ce qui vous concerne. Ceci est d'ailleurs valable pour vous : comment pourriez-vous emprunter un chemin évolutif en quelque domaine que ce soit – y compris spirituel – si vous continuez de vous illusionner vous-mêmes, au positif comme au négatif ? Ce serait comme marcher sur des sables mouvants et vous n'iriez guère loin…

Comment se crée l'image de soi

Bien souvent, cette image est faussée par les sentiments négatifs que vous cultivez à votre égard. Vous acceptez probablement mal les critiques des autres et vous vous sentez blessé et « diminué » par le moindre reproche. « Comment peut-il me dire cela ! Quelle humiliation, etc. ».

Ce dont vous n'avez pas conscience, c'est que, la plupart du temps, vous pensez de vous-même des choses bien pire encore. Vous en nourrissez votre imagerie mentale en continu : ces images-là sont autrement dangereuses et nocives que toutes les critiques de vos amis et ennemis réunis.

Car, ce que les autres perçoivent de vous est le reflet exact de la manière dont vous

vous percevez vous-même. Cela fait partie de l'image de soi. Vous comprenez donc l'importance qu'elle revêt et combien il serait regrettable de laisser au « hasard » de vos émotions diverses le soin d'en décider. La qualité de votre vie et de vos rencontres en dépend, de même que la réussite de vos entreprises.

La compétition fausse souvent le jeu

Nous vivons une époque rendue difficile par les mauvaises conditions économiques et sociales, le chômage galopant, la compétition qui en découle. Celui qui travaille est souvent forcé de tout mettre en œuvre pour conserver cet emploi si convoité ; il en est de même s'il éprouve le désir légitime de progresser dans la hiérarchie de son entreprise. Quant au demandeur d'emploi, il ne peut rien laisser au hasard s'il espère décrocher un entretien d'embauche… et passer l'épreuve avec succès !

Cette compétition forcée fausse souvent le jeu. Elle semble loin l'époque où seules la valeur réelle et l'expérience permettaient de progresser. De nos jours, tout doit aller vite et vous n'aurez que quelques minutes pour persuader votre futur employeur que vous êtes celui ou celle qu'il recherche. Votre présentation, ce qui émane de vous, votre manière de communiquer, c'est cela qui va compter au premier chef. Ce n'est parfois qu'un vernis, mais si vous n'en avez pas un minimum, vous risquez fort de ne pas même franchir la première étape. Or, l'idéal serait que ce qui émane de vous en telle occasion soit à l'image de votre réalité : il y a là plusieurs degrés à passer. Vous verrez : cela viendra plus aisément que vous ne le pensez peut-être pour le moment.

Qui suis-je vraiment : ce que je pense de moi ou ce que je montre ?

L'image que l'on a de soi-même et celle que l'on montre aux autres ne coïncident pas nécessairement. C'est la source de bien des problèmes. Avec un bon vernis, parce que vous serez un bon acteur, vous pourrez faire illusion un temps ; mais cela ne durera pas, car votre conflit intérieur sera perceptible de l'extérieur.

Revêtu d'une bonne image de vous-même, telle une armure brillante, vous êtes armé pour le combat de la vie et augmentez considérablement vos chances de mener à bien vos projets. En cas d'échec, elle vous protège de tout découragement excessif et vous permet de repartir avec en prime la force de l'expérience.

En quelque domaine que ce soit, c'est là le point-racine de la confiance en soi et de l'assurance. Celui qui ne s'estime pas lui-même ne peut guère espérer être estimé des autres. Pas plus qu'il ne peut faire confiance à qui que ce soit, puisqu'il juge tout au travers de son propre filtre.

a) Importance de l'entourage

Entendons par là: les parents, la famille dans son ensemble, les amis, le milieu scolaire, etc.

« Mon fils sera médecin »

Votre famille a joué son rôle: parents, frères et sœurs ... leurs bons et mauvais côtés, les problèmes familiaux, les blocages de chacun qui ont interféré avec votre vision des choses et à partir desquels vous avez formé votre jugement. C'est dès votre âge le plus tendre qu'a commencé de se former votre future image. Vos parents eux-mêmes vous ont imaginé avant même votre naissance : « Je suis sûr qu'il (ou elle) sera comme ceci ou comme cela… J'aimerais que mon fils soit médecin, ou peintre… Que ma fille soit artiste comme moi… ».

Par la suite, vous avez créé de vous-même une sorte de carte mentale : « Je suis comme ceci, J'apprécie cela, Je déteste ceci, Je sais…, Je ne sais pas…, Je suis incapable de faire ceci…, Mon foie sera toujours fragile, etc. ». Or vous n'avez pas été seul en cause dans cette image que vous vous êtes faite de vous : elle correspond aussi à ce que vos proches pensent de vous, à la façon dont ils vous perçoivent et à l'image qu'ils vous en renvoient. Que vous en ayez eu conscience ou non, c'est le type d'informations que l'on reçoit cinq sur cinq ! Les pensées secrètes des parents, surtout si elles s'accompagnent d'émotions (joie, plaisir, crainte, anxiété…)

imprègnent davantage le cerveau d'un enfant que les discours les mieux intentionnés !

« Après tout ce qu'on a fait pour toi... »

Cela est aussi vrai dans le sens négatif : toutes les grossesses n'étant pas désirées, la répercussion peut en être grave sur un petit qui s'est entendu répéter durant toute son enfance qu'il était un « fardeau », qu'on ne l'avait pas choisi, pas voulu, qu'il « devrait être reconnaissant de tout ce qu'on a fait pour lui en dépit des circonstances » etc.. Comme si l'enfant devait se sentir coupable d'être venu au monde !

Si cela vous est arrivé, ne vous étonnez pas de vous sentir si rejeté, « incapable d'aimer » ni d'être aimé, partout indésirable. Seulement, le problème ne vient pas de vous, même si vous continuez de l'entretenir. La solution, par contre, vous appartient et à vous seul !

Le milieu : suis-je mon image sociale ?

Le milieu social au sein duquel vous avez évolué depuis votre enfance et dont vous avez adopté les règles sans même vous en rendre compte ne vous a pas laissé indifférent ; il a contribué à la construction d'une certaine image « sociale » dont il est parfois difficile de se défaire. Vous avez certainement connu de ces enfants privilégiés qui « ont tout » sans avoir eu d'effort à faire pour cela : ils n'en profitent pas toujours, persuadés, au fond d'eux-mêmes, que la vie continuera immanquablement à exaucer leur moindre désir. C'est un cas où l'image de soi, très imparfaite, ne se résume souvent qu'au reflet extérieur de la position sociale des parents. C'est pourquoi, bien souvent encore, la réussite n'est pas à son rendez-vous logique.

Il est au contraire des cas où l'enfant élevé dans des conditions difficiles s'y est forgé le caractère. Voyez Rockefeller, parti de rien, Henry Ford ou tant d'autres : ils se sont créé d'eux-mêmes l'image de quelqu'un qui ne renonce pas à son rêve, quel qu'il soit, et ils ont réussi ! De défavorable au départ, leur milieu s'est ainsi avéré une aide puissante.

D'autres, plus souvent, se contentent de penser qu'ils n'y arriveront jamais, que « ça ne vaut pas la peine d'essayer » : Ahhh ! S'ils étaient aussi riches qu'untel, là c'est certain ils réussiraient ! Mais ils sont nés dans un milieu défavorisé, aussi pensent-ils qu'ils le resteront toute leur vie : c'est souvent ce qui se produit !

L'opinion des éducateurs : un problème de taille

Votre éducation, en rapport avec votre milieu social et l'environnement général, a largement contribué à forger votre conception de la vie et de vous-même.

Or, il suffit d'un instituteur maladroit pour que l'image de soi d'un petit enfant, en pleine construction, en soit perturbée pour longtemps, pour toujours, peut-être, s'il n'entreprend rien qui soit de nature à la modifier. En a-t-on connus de ces enfants qui, à sept ans à peine, ne croient déjà plus en eux parce qu'on les a persuadés, dès leur début dans la vie, qu'ils ne valaient rien, qu'ils étaient des voyous, incapables de suivre des études, etc.

C'est là un comportement véritablement aberrant de la part d'éducateurs qui ruinent ainsi la vie d'enfants qu'ils sont pourtant censés guider et encourager.

Au contraire, un instituteur qui connaît son métier peut rendre au petit une image favorable de lui-même. Il suffit souvent de quelques encouragements. La règle devrait être qu'il vaut mieux souligner les réussites, les succès, les efforts dans le bon sens que se montrer sans cesse à l'affût de la moindre peccadille. Voyez le positif chez un enfant et il se manifestera : c'est là sa tendance profonde s'il est soutenu en ce sens. Un enfant croit en lui, spontanément, si ses éducateurs ne s'ingénient pas à lui prouver qu'il a tort !

Là encore les parents « en rajoutent » souvent : combien ne se satisfont jamais des résultats scolaires de leurs petits et continuent de les harceler pour qu'ils fassent mieux encore. Découragé, l'enfant finit par conclure qu'il ne vaut rien et abandonne cette vaine lutte, persuadé que le problème vient de lui. Il risque, parvenu à l'âge adulte, de se comporter de la même façon et de ne jamais oser entreprendre quoi que ce soit qui sorte de l'ordinaire, par peur de l'échec auquel il se croit voué depuis toujours.

b) Je suis ce que je crois

Il faut bien souligner qu'en dépit de tout ce qui précède, le principal acteur de votre vie et de ce que vous croyez, c'est *vous*. C'est *vous* qui choisissez, acceptez ou rejetez les idées, croyances, émotions qui colorent votre vie ; c'est vous qui prenez vos propres décisions, même si vos choix sont pour le moins influencés ou orientés par les éléments de conditionnement qui viennent d'être énumérés.

Rien n'est immuable

L'image de vous-même que vous vous êtes forgée depuis votre enfance peut être chaque jour remise en question, réexaminée et modifiée. Elle n'est pas immuable, même si, trop souvent, cela semble le cas parce que nous rechignons à faire l'effort de changer. Certes, il est plus facile d'en rester à des constatations établies depuis toujours, la plupart du temps négatives : « Je suis nul en maths, c'est comme ça ! », « Je suis incapable de réussir quoi que ce soit : j'ai toujours échoué et je n'ai pas de chance ! », « Personne ne m'aime parce que je suis timide », « Je n'ai aucune personnalité », etc.

Il est cependant possible jour après jour de tout modifier dans le sens que vous souhaitez donner à votre vie. C'est ce que nous verrons dans la troisième partie. Ce travail n'est pas difficile : bien souvent, il suffit simplement de prendre conscience de la possibilité dont vous disposez de modifier votre vision de vous-même (et donc votre vie) pour que la magie opère !

L'interprétation des événements

Dans votre vie, tout passe par le filtre de vos convictions. Rien n'est simplement vu tel quel : là est le problème. Êtes-vous persuadé que vous êtes doué pour le dessin ? Rien ni personne ne vous en fera démordre et tout sera interprété au travers de cette idée. Vous encourage-t-on ? Vous sautez de joie à la confirmation de votre talent. Tente-t-on de souligner le fait que, peut-être, vous auriez besoin de quelques cours de perfectionnement ? Deux solutions vous viennent aussitôt à l'esprit : votre interlocuteur reconnaît votre talent et l'encourage, ou bien il n'y connaît rien, n'est qu'un béotien et vous n'avez pas à tenir compte de son avis.

Dans le sens négatif, il en va de même. Êtes-vous persuadé de votre incapacité d'apprendre quoi que ce soit (« Je ne suis pas une intellectuelle, moi ! Je ne suis pas douée pour l'étude ! ») ? Même si c'est faux, vous risquez de ne jamais profiter des opportunités offertes par des personnes qui pensent de vous le contraire.

Ainsi est-il fréquent de voir l'interprétation des événements « orientée » en fonction de ce que la personne pense d'elle-même. Un exemple : Paul est convoqué dans le bureau de son patron. Paniqué, il imagine déjà le pire : il a sûrement commis une erreur à laquelle il n'a pas pris garde, ou encore il y a compression de personnel... En tout cas, c'est sûr, avec la malchance qui le poursuit depuis toujours : il est renvoyé ! ». Il fallut toute la persuasion de son épouse pour le persuader de se rendre à la convocation (« À quoi bon ! Il n'a qu'à m'écrire... »). Il s'agissait en fait d'une promotion assortie d'un augmentation ! Heureusement, son patron avait de son employé une image meilleure et certainement plus juste que la sienne propre, la promotion n'aurait jamais eu lieu.

En fait, vous le savez certainement, votre subconscient matérialise vos convictions : ce que vous pensez de vous, vous le deviendrez tôt ou tard. Heureusement, aussi bien que malheureusement, l'être humain ne connaît pas le fonctionnement de son propre cerveau ; aussi est-il, la plupart du temps, incapable de rester logique avec lui-même et multiplie-t-il les images qu'il s'est créées de lui-même, se donnant ainsi involontairement quelques chances d'échapper à ses propres malédictions...

L'estime de soi

Bien évidemment, vous ne pouvez guère estimer ce que vous critiquez sans cesse ! Votre propre image est-elle surtout négative, emplie de reproches, de regrets, de manques, de frustrations de toute nature ? Vous n'imaginez pas éprouver la moindre estime à votre égard. D'ailleurs, l'idée même ne vous a jamais effleuré !

Pensez-vous du bien de vous-même ? Vous en êtes probablement fier, flatté de vos qualités et capacités diverses. Vous arrivez sans peine à en convenir et à le reconnaître : vous éprouvez de l'estime pour ce que vous êtes et arrivez à la faire partager par les autres. C'est là quelque chose d'essentiel dans la vie courante et, plus encore, dans la vie professionnelle.

Sachez vous évaluer correctement

Cependant, dans les deux cas, il est d'une grande importance de savoir vous évaluer avec justesse. Avoir confiance en des qualités que vous ne possédez pas vous serait préjudiciable au même titre que ne pas savoir reconnaître vos réelles aptitudes et vos points forts.

Et surtout, pas de fausse modestie! Pas non plus d'orgueil déplacé! Apprenez à vous examiner avec quelque recul, comme si vous vous observiez de l'extérieur: votre vision sera plus claire, moins déformée, plus juste. Ne portez pas de jugement à votre égard vous ne passez pas au tribunal – vous cherchez à savoir qui vous êtes réellement, en dehors de l'hypnose déformante sous l'influence de laquelle vous avez grandi et passé la plupart de votre vie jusqu'à ce jour!

Le but est simplement de vous considérer avec justesse, sans critique. Nul n'est parfait, donc, pas de perfectionnisme: vous devez vous améliorer, faire des progrès, pas devenir parfait. La vie est un voyage au cours duquel il est important d'accepter les autres et de s'accepter soi-même tel qu'on est. On peut ne pas approuver la conduite des autres ou la sienne propre: cependant, faire et se faire des reproches ne sert à rien.

Seule compte l'expérience acquise. Donc ne vous reprochez rien, ne vous dévalorisez pas : appréciez le chemin parcouru et ce qu'il vous a appris. Si vous êtes maintenant en train de lire ce petit livre, c'est votre cheminement qui vous y a amené : remerciez pour ce que votre vie vous a appris, pour ce qu'elle a fait de vous. Et poursuivez votre route avec optimisme et sourire.

L'estime de vous-même est à ce prix. Vous en éprouverez d'autant plus que vous aurez travaillé à vous améliorer. La sensation de se re-créer soi-même est enthousiasmante et le sentiment de liberté, de se prendre enfin en charge soi-même, vaut bien les efforts que coûte cette réforme.

Chapitre 2

Établissez votre bilan : comment vous voyez-vous ?

« Le changement se produit en vous non pas quand vous essayez de vous obliger à changer, mais quand vous devenez conscient de ce qui ne fonctionne pas en vous. »

Shakti Gawain [1]

Il s'agit à présent d'établir de vous-même un portrait aussi fidèle et exact que possible. Vous êtes seul avec ce livre, seul devant la feuille de papier sur laquelle vous allez établir votre première liste (il y en aura d'autres !). Aussi, ne vous autorisez aucun faux-fuyant, soyez honnête et faites de votre mieux pour être objectif. Vous ne vous mentiriez qu'à vous-même !

De ce bilan, sorte d'état des lieux de votre manière de vous considérer, vous allez faire le travail de base de votre remise en état. Votre maison est quelque peu délabrée ? Certaines tuiles sont brisées Y a-t-il des gouttières en cas de forte pluie ? La façade aurait bien besoin d'un nouveau revêtement et les portes et fenêtres d'un coup de pinceau ? À l'intérieur, vous aimeriez repeindre ou changer le papier peint ? Les rideaux sont

1. *Vivre dans la Lumière,* Shakti Gawain, J'ai Lu, 2004.

défraîchis et ne vont plus avec les nouveaux coloris employés, etc. À ces questions correspondent des réponses adaptées, d'où découlera l'action juste. Il en va très précisément de même pour vous !

De plus, la simple prise de conscience suffit bien souvent à résoudre bon nombre de difficultés. D'où l'importance d'accorder à ce travail tout le temps nécessaire.

Faites la liste de vos qualités et de vos défauts

Facile ? Pas tant que ça. Accordez-vous, à cet effet, plusieurs séances : ne fermez pas trop vite ce dossier.

Vous allez vous explorer, strate après strate, en ayant l'impression de « descendre » en vous-même de plus en plus profondément. Chaque strate explorée vous donnera certainement la sensation d'être arrivé au bout du travail, d'avoir tout examiné : ne vous y trompez pas, il reste encore beaucoup à faire ! Ce n'est que lorsque vous ressentirez une forme de joie, de légèreté assortie de soulagement que vous saurez que l'essentiel est accompli.

Un moment chaque jour, rien que pour vous

Personne ne vous empêche cependant, tout en gardant ce dossier ouvert, de poursuivre les autres exercices. Tout peut aller de pair : simplement, prenez le temps de bien faire les choses. Après tout, c'est pour vous et votre propre bien-être que vous œuvrez ! Accordez-vous donc du temps à vous-même. C'est une déplorable coutume occidentale que de se sentir quasi « coupable » lorsqu'on se préoccupe de soi. Si vous êtes en perpétuel état de mal-être, de déséquilibre et de frustration, vous ne pourrez rien apporter de bon aux autres, pas plus à votre compagne ou compagnon qu'à vos enfants ou toute autre personne de votre entourage.

Considérez donc ce temps de travail *pour vous-même* comme un élément clé de ce que vous désirez offrir à vos proches, aux autres en général, ainsi qu'à cette terre qui est votre mère, qui vous porte, vous nourrit et vous offre tout ce dont vous avez besoin : l'essentiel aussi bien que le superflu, des éléments de votre téléviseur aux fibres de vos vêtements, même synthétiques !

On ne peut donner que ce qu'on a, me disait souvent un ami, entendant par là son incapacité avouée à donner de l'amour, de l'attention aux autres, de la compréhension... Il ignorait seulement qu'il possédait tout cela, bloqué au fond de lui sous des décombres divers, et continuait de souffrir de ces « manques » et d'en faire souffrir son entourage. Faites un peu de ménage et vous découvrirez en vous des trésors enfouis, restés secrets si longtemps mais en parfait état de fonctionnement.

Vous pouvez renaître à chaque instant. Ne l'oubliez jamais : chaque instant est neuf et regorge de tous les possibles !

La liste de vos défauts, de vos carences

Munissez-vous de plusieurs feuilles qui vont vous permettre d'établir une liste détaillée et classée par secteurs avec, par exemple, une feuille consacrée à vos défauts en général, une seconde à votre vie familiale, une troisième au domaine professionnel, une autre à vos activités extra-professionnelles (amis, clubs ou associations, sports, arts, loisirs, sorties...). Utilisez autant de feuilles que vous le souhaitez.

À présent, remplissez-les. Recherchez les détails significatifs, tout ce qui vous déplaît en vous, mais aussi ce que vous aimeriez développer (notez que le terme « défaut » recèle aussi une connotation de « manque », « lacune »). Attention cependant à ne pas en rajouter : ne soyez pas de ces perfectionnistes qui ne savent plus se considérer que sous leur mauvais angle. Restez objectif.

C'est à partir de cette liste que vous allez déterminer votre méthode de mutation personnelle : il s'agit donc d'un exercice important ! Le négliger équivaudrait à amener une voiture en panne chez le garagiste et à attendre de lui qu'il la répare sans poser de questions ni examiner ce qui ne va pas…

La liste de vos qualités

Faites de même avec vos qualités. N'omettez pas de les écrire, d'en établir la liste détaillée : elle devrait être plus fournie, plus travaillée encore que la précédente. Apprenez à voir vos aspects positifs, tout ce dont vous êtes capable. C'est un exercice d'importance qu'on néglige très souvent. Comment, alors, s'étonner du manque de confiance en soi, du manque d'estime de soi ?

À l'occasion de stages, on se rend vite compte qu'en général, lorsqu'on demande aux participants d'établir la liste de leurs bons et mauvais côtés, la liste négative s'allonge et prend du temps ; en revanche, la liste positive en fait sécher plus d'un ou n'occupe qu'un espace fort réduit. Cela laisse mal augurer de l'image de soi de ces participants !

Accordez-vous donc tout le temps nécessaire pour établir cette liste, si importante, puisque d'elle dépendent votre nouvelle confiance en vous, la reconnaissance de vos propres mérites et des qualités sur lesquelles vous pouvez vous appuyer. Sans cette reconnaissance, vous ne pouvez que partir découragé devant l'ampleur de la tâche et votre apparente incapacité à vous améliorer.

Acceptez vos défauts : ils sont aussi vos alliés !

Si vous êtes de ceux qui s'intéressent au moins un peu à l'astrologie, songez que dans un thème, s'il y a *toujours* des aspects favorables et d'autres moins, un bon astrologue vous dira que tous sont utiles. Un thème qui manquerait d'aspects difficiles ne vous offrirait pas la stimulation importante que procurent les challenges ! Sans obstacles, la force intérieure faiblit et l'intérêt diminue. La personne s'ennuie !

Ne chassez pas l'obscurité : allumez la lumière !

Pensez toujours que vous devez *amplifier vos qualités*. Nous avons en nous-mêmes, en proportions variables, *toutes* les qualités et *tous* les défauts. Commencez par le reconnaître ! Ce sera un premier pas. Songez aussi que, si vous désirez vous défaire d'un défaut particulier, n'engagez pas le combat avec lui : ce serait peine perdue. Le secret : développez la qualité qui lui correspond et il s'évanouira comme par magie !

Vous êtes coléreux ? Travaillez à développer le calme intérieur et la maîtrise de soi.

Vous manquez de persévérance ? Entraînez-vous à la développer.

Vous êtes toujours insatisfait ? Apprenez à voir tout ce que la vie vous offre de bon à chaque instant, etc.

Vous verrez votre vie rapidement se transformer et s'enrichir de possibilités dont vous n'aviez pas même rêvé !

Posez-vous quelques questions

Ce questionnaire n'est là que pour vous aider dans votre réflexion : vous vous poserez ensuite vos propres questions, adaptées à vous-même et à votre vie. Et surtout, écrivez vos réponses :

- Sur une ou plusieurs feuilles : notez vos *qualités*, vos potentialités, ce que vous savez faire, ce que vous aimez. Bref, ce que vous appréciez en vous et qui vous aide.
- Sur une ou plusieurs autres feuilles : notez vos *défauts*, vos carences, ce que vous aimeriez modifier, ce qui vous manque et que vous aimeriez acquérir, ce que vous voudriez devenir, les comportements que vous souhaitez améliorer, etc.

Répondez par oui ou par non aux questions pages suivantes et reportez le résultat sur vos feuilles (signe [+] pour oui ; signe [–] pour non).

Aspects négatifs suis-je en général…

- □ égoïste
- □ vaniteux
- □ craintif
- □ calculateur
- □ apathique
- □ vindicatif
- □ inconstant
- □ irritable
- □ dépressif
- □ angoissé
- □ autoritaire
- □ trop émotif
- □ culpabilisé
- □ cynique
- □ infantile
- □ hypocrite
- □ indifférent
- □ ironique
- □ maniaque
- □ paresseux
- □ peu persévérant
- □ rancunier
- □ ....
- □ envieux
- □ orgueilleux
- □ timide
- □ jaloux
- □ agressif
- □ influençable
- □ dominateur
- □ impatient
- □ irresponsable
- □ impulsif
- □ boudeur
- □ menteur
- □ désinvolte
- □ irrésolu
- □ froid
- □ peu fiable
- □ inquiet
- □ railleur
- □ nerveux
- □ intolérant
- □ incapable d'aimer
- □ brouillon
- □ ....
- □ colérique
- □ peureux
- □ faible
- □ hyperactif
- □ lâche
- □ trop rigide
- □ méfiant
- □ toujours triste
- □ agité
- □ avare
- □ brutal
- □ voleur
- □ sans scrupule
- □ entêté
- □ hostile
- □ inhibé
- □ possessif
- □ peu délicat
- □ nonchalant
- □ sans volonté
- □ ombrageux
- □ guindé
- □ ....

Aspects positifs suis-je plutôt…

□ sympathique
□ gentil
□ aimable

□ amical
□ actif
□ optimiste
□ souriant
□ généreux
□ entreprenant
□ courageux
□ bien dans ma peau
□ serviable
□ intelligent
□ capable
□ serein
□ équilibré
□ à l'aise partout
□ habile
□ souple
□ sage
□ sérieux

□ sincère
□ calme
□ tolérant

□ fidèle
□ travailleur
□ compréhensif
□ responsable
□ altruiste
□ artiste
□ bienveillant
□ respectueux de l'autre
□ sûr de moi
□ cultivé
□ efficace
□ aimant
□ juste
□ sensible à la beauté
□ discret
□ prévoyant
□ mesuré
□ ordonné

□ fiable
□ persévérant
□ content de moi
□ délicat
□ joyeux
□ chaleureux
□ modeste
□ imaginatif
□ stable
□ honnête
□ déterminé

□ volontaire
□ fier de moi
□ conciliant
□ sans rancune
□ attentionné
□ persuasif

□ loyal
□ prudent
□ enthousiaste
□ intuitif

☐ énergique	☐ diplomate	☐ dynamique
☐ prévenant	☐ réfléchi	☐ spontané
☐	☐	☐ ....
☐	☐	☐ ....
etc.		

En famille et avec mes amis

- ☐ Suis-je plutôt facile à vivre ?
- ☐ Suis-je plutôt faible ?
- ☐ Trop dur ?
- ☐ Coléreux ?
- ☐ Suis-je assez compréhensif envers ma famille, mes enfants ?
- ☐ Suis-je assez attentif à leur demande affective ?
- ☐ Suis-je capable d'apprécier leur amour ? leurs attentions ?
- ☐ Suis-je toujours pressé ?
- ☐ Ai-je des attentions envers eux, moi aussi ?
- ☐ Suis-je capable d'assumer mes responsabilités ?
- ☐ Suis-je capable de prendre les décisions qui s'imposent ?
- ☐ Suis-je ouvert et à l'écoute de mes proches ?

- ☐ Suis-je capable de mettre de la bonne humeur chez moi ?
- ☐ Est-ce que je sais prendre le temps d'apprécier ce que m'offrent les miens : leur présence, leur amour, leurs jeux, des vacances avec eux… ?
- ☐ Suis-je capable de voir le bon côté des choses, même en période difficile ?
- ☐ Suis-je un soutien pour les miens ?
- ☐ Suis-je capable de me faire respecter ?
- ☐ Est-ce que je respecte ma femme, mon mari, mes enfants, mes parents, mes amis ?
- ☐ Suis-je quelqu'un de fiable ? Peut-on compter sur moi ?
- ☐ Suis-je sincère ?
- ☐ Suis-je honnête avec mes proches ?
- ☐ Est-ce que je les aime vraiment ?
- ☐ Suis-je capable de le leur dire ? de le leur montrer ?
- ☐ Suis-je sans cesse en quête de leur approbation ?
- ☐ ……………………………………………
- ☐ ……………………………………………

etc.

Un petit jeu en famille

À proposer si tout le monde est d'accord et prêt à écouter l'autre. Chacun doit à tour de rôle exprimer ce qu'il ressent envers chacun des autres participants.

On commence par le négatif. Chacun doit faire part à l'autre de ce qu'il considère comme son pire défaut (ou deux au maximum! Fixez la règle du jeu dès le départ!). Ce doit être bref, amical et dépourvu de reproche: le but est seulement d'informer chacun des attitudes que l'on apprécie le moins, des aspects pesants. Il s'agit de demander aux vôtres ce qu'ils pensent de vous, comment ils vous perçoivent et de vous exprimer en retour. Pas de polémique en cette occasion, évidemment… Apprenez à écouter, même si ça vous défrise quelque peu, et apprenez-leur à en faire autant.

La seconde phase, la plus agréable, consiste à demander à chacun d'exprimer ce qu'il préfère en chacun des autres (maximum deux ou trois qualités principales). Prenez note de ce qu'on vous dira: vous serez certainement surpris et, les jours difficiles, cela vous remontera le moral!

Comment les autres vous voient-ils ?

Cette fois-ci, c'est vous qui allez remplir les cases vides. Notez tous les qualificatifs qui vous viennent à l'esprit. Dans la case prévue, cochez d'un plus ou d'un moins votre appréciation ([+] pour les qualités, [–] pour les défauts). Par exemple, vous pouvez indiquer que les autres vous trouvent : froid – distant – chaleureux – optimiste – bizarre – renfermé – superficiel – bien dans votre peau – brillant – doué – sans intérêt – démonstratif – amusant – boute en train – naïf – cultivé – idiot, etc.

Notez à présent vos qualificatifs :

☐ ____________ ☐ ____________ ☐ ____________

☐ ____________ ☐ ____________ ☐ ____________

☐ ____________ ☐ ____________ ☐ ____________

☐ ____________ ☐ ____________ ☐ ____________

☐ ____________ ☐ ____________ ☐ ____________

☐ ____________ ☐ ____________ ☐ ____________

☐ ____________ ☐ ____________ ☐ ____________

☐ ____________ ☐ ____________ ☐ ____________

☐ ____________ ☐ ____________ ☐ ____________

☐ ____________ ☐ ____________ ☐ ____________

Au travail, vous êtes plutôt…

□ Compétent	□ Débordé	□ Fait pour ce métier
□ Pas doué	□ Ambitieux	□ Lent
□ En compétition	□ Apprécié	□ Je-m'en-foutiste
□ Perfectionniste	□ Chahuteur	□ L'œil sur la montre
□ « Moi ? Travailler ? »	□ « Je m'ennuie »	□ Inquiet du jugement des autres
□ Angoissé	□ Jaloux	□ Envieux
□ Responsable	□ Bof !	□ Mieux que chez vous
□ Médiocre	□ Enthousiaste	□ Au bagne !
□ « Les vacances, c'est quand ? »	□ En congé de maladie…	□ …………………
□ ……………………	□ …………………	□ …………………
□ ……………………	□ …………………	□ …………………
□ ……………………	□ …………………	□ …………………

Votre aspect physique

Cela fait aussi partie de votre image, bien entendu : votre corps et votre aspect général, ce que vous en pensez et comment les autres le perçoivent. Examinez tout :

ce que vous appréciez et ce que vous n'aimez guère. Pensez aussi à ce qui peut être amélioré (et je ne pense pas à la chirurgie esthétique !). Cochez d'un [+] ce qui est positif et d'un [–] ce qui vous semble négatif :

☐ Taille (grand, petit, moyen)	☐ Regard
☐ Corpulence (gros, mince)	☐ Pas mal du tout !
☐ Cheveux	☐ Teint
☐ Sourire	☐ Peau
☐ Allure soignée	☐ Santé
☐ Dents	☐ Vêtements
☐ Maintien	☐ Démarche
☐ Sourire	☐ Voix
☐	☐ ....
☐	☐ ....
☐	☐ ....
☐	☐ ....

Aimez-vous votre corps ? Savez-vous le vêtir ? En prendre soin ? Ou ne vous en préoccupez-vous qu'au minimum ? Pensez-vous que vous pouvez améliorer cet aspect de vous-même ? Le désirez-vous ? Pourquoi ?

Notez tous ces éléments avec précision : plus tard, vous y reviendrez. Cela vous indiquera la marche à suivre.

Ai-je confiance en moi ?

Répondez avec franchise aux questions de ce test ; elles ont pour but de vous aider à « faire le point » quant à votre capacité de vous affirmer devant les autres, laquelle dépend beaucoup du degré de confiance que vous vous accordez à vous-même.

1) Votre tendance est-elle de suivre plutôt l'avis des autres ?

☐OUI ☐NON

2) Pouvez-vous prendre seul(e) une décision et vous y tenir ?

☐OUI ☐NON

3) Pouvez-vous adresser la parole à un inconnu dans la rue ?

☐OUI ☐NON

4) Vous est-il déjà arrivé d'acheter des choses dont vous n'aviez pas vraiment besoin, pour ne pas déplaire au vendeur ?

☐ OUI ☐ NON

5) Osez-vous demander un service à des amis ?

☐ OUI ☐ NON

6) Votre tendance est-elle de garder vos émotions par devers vous plutôt que risquer une scène ou une dispute ?

☐ OUI ☐ NON

7) Êtes-vous capable de répondre : non, à une demande qui vous ennuie ?

☐ OUI ☐ NON

8) Savez-vous vous mettre en valeur ?

☐ OUI ☐ NON

9) Savez-vous défendre votre point de vue ?

☐ OUI ☐ NON

10) Vous reconnaissez-vous des talents particuliers ?

☐ OUI ☐ NON

11) Savez-vous quoi répondre quand on vous fait des compliments ?

☐ OUI ☐ NON

12) Êtes-vous capable d'intimer l'ordre de se taire à quelqu'un qui discute à voix haute lors d'un spectacle ou d'une conférence ?

☐ OUI ☐ NON

Comptez un point si vous avez répondu : OUI aux questions 2-3-5-7-8-9-10-11-12 ; NON aux questions 1-4-6.

Si vous avez 10 points ou plus : vous savez vous affirmer en toute circonstance et vous ne manquez certainement pas de confiance en vous. Offrez donc ce livre à un ami !

Si vous avez totalisé entre 6 et 9 points : vous faites preuve d'une assez bonne confiance en vous, mais n'osez pas toujours faire valoir votre point de vue. Pratiquez les exercices de ce livre : cela vous aidera.

Vous avez moins de 5 points : votre manque de confiance en vous et en vos possibilités vous est un obstacle permanent. L'achat de ce livre était pleinement justifié ! Aussi, pratiquez, pratiquez, pratiquez ! Dans quelques semaines, refaites ce test : vous ne vous reconnaîtrez plus !

Êtes-vous facilement intimidé ?

Répondez franchement aux questions ci-dessous ; elles vous aideront à faire le point avec vous-même.

1) En société, vous sentez-vous généralement à l'aise ?

☐ OUI ☐ NON

2) Vous arrive-t-il d'hésiter avant de sonner chez quelqu'un ?

☐ OUI ☐ NON

3) Vous est-il déjà arrivé de faire demi-tour sans avoir fait ce pourquoi vous vous étiez dérangé ?

☐ OUI ☐ NON

4) Oseriez-vous payer un journal ou votre pain avec un billet de cent euros ?

☐ OUI ☐ NON

5) Osez-vous aller faire de la monnaie chez un commerçant pour payer votre parking ?

☐ OUI ☐ NON

6) Vous regrettez votre dernier achat : osez-vous en demander l'échange ou le remboursement ?

☐ OUI ☐ NON

7) Vous arrive-t-il de bégayer ?

☐ OUI ☐ NON

8) Vous arrivez en retard à une réunion, un spectacle, etc. Entrez-vous avec naturel ?

☐ OUI ☐ NON

9) Préférez-vous y renoncer ?

☐ OUI ☐ NON

10) Rougissez-vous fréquemment ?

☐ OUI ☐ NON

11) Perdez-vous facilement vos moyens devant certaines personnes ou en certaines circonstances ?

☐ OUI ☐ NON

12) En réunion, vous arrangez-vous pour rester simple spectateur ?

☐ OUI ☐ NON

13) Vous sentez-vous à l'aise avec des personnes de votre âge ?

☐ OUI ☐ NON

14) Êtes-vous d'un abord facile ?

☐ OUI ☐ NON

15) Avez-vous confiance en vous ?

☐ OUI ☐ NON

16) Avez-vous tendance à détourner les yeux quand on vous regarde ?

☐ OUI ☐ NON

17) Vous n'avez pas compris une plaisanterie : riez-vous quand même ?

☐ OUI ☐ NON

18) Ressentez-vous le besoin de manipuler des objets entre les doigts dès que vous êtes en public ?

☐ OUI ☐ NON

Comptez un point si vous avez répondu : OUI aux questions : 1-4-5-6-8-13-14-15 ; NON aux questions : 2-3-7-9-10-11-12-16-17-18.

Si vous avez obtenu plus de 12 points : On ne peut guère vous compter parmi les vrais timides, même si votre total se rapproche plus de douze que de dix-huit ! Vous avez confiance en vous et ne vous laissez pas impressionner inutilement.

Si vous avez obtenu entre 6 et 12 points : Il est certain que vous vous compliquez souvent la vie en raison de vos réactions de timidité : il va falloir changer ça !

Si vous avez obtenu moins de 6 points : Êtes-vous certain de vous considérer avec objectivité ? Si c'est le cas, votre timidité et votre manque de confiance en vous vous paralysent inutilement et bien des portes se ferment en dépit de vos efforts. Appliquez-vous bien aux divers exercices de ce livre : je puis vous affirmer que, bientôt, vous constaterez à quel point vous avez changé ! Bonne route, et surtout : Persévérez !

Quelle image aimerais-je avoir de moi ?

Vous avez à présent une idée beaucoup plus nette de l'image que vous avez de vous actuellement. Rédigez sur une nouvelle feuille une synthèse générale de ce que vous ont montré les exercices précédents.

Ce travail terminé (prenez votre temps, c'est important), vous allez en tirer vos premières conclusions et vous permettre de rêver. Oui, j'ai bien dit « rêver » ! Vous allez en fait vous imaginer tel que vous aimeriez être, vous sentir, vous comporter seul et devant les autres. Créez avec précision et un luxe de détails votre image idéale. Écrivez ce que vous imaginez.

Restez réaliste : ne vous imaginez pas pilote de ligne parce que vous en rêviez à seize ans ! Mais voyez tout ce qu'il est envisageable de modifier dans votre manière d'être, dans votre aspect physique, dans votre comportement en général.

Décrivez-vous tel que vous désirez devenir

Il serait souhaitable d'y consacrer une période de quelques jours à raison de cinq à dix minutes quotidiennes. Certes, il vous est à présent plus facile d'écrire sur votre feuille ce que vous désirez être. Appuyez-vous sur le résultat de vos bilans.

Par exemple :

- je suis trop anxieux : je désire acquérir le calme ;
- je me tiens toujours voûté : je veux me redresser ;
- je suis trop autoritaire avec mes enfants : je désire cultiver plus de souplesse ;

etc.

Cependant, il ne faut pas en rester là : vous devez arriver à vous voir, vous visualiser en train d'utiliser ce nouveau comportement, vous sentir différent, apprécier cette nouvelle image de vous, plus harmonieuse, plus vivante et tellement plus agréable !

Au début, bien sûr, il va vous sembler difficile d'envisager un changement aussi drastique d'une manière d'être ancrée depuis votre plus tendre enfance. C'est la raison pour laquelle je vous conseille vivement d'y aller doucement, petit à petit.

Un exercice pratique dès maintenant

Vous avez un rendez-vous important demain matin ? Pensez-y ce soir au coucher : visualisez-vous vous comportant, agissant comme vous rêvez de le faire et imprégnez-vous de cette image. Accompagnez-la de sensations et ressentez le bien-être que vous en éprouvez. Faites cela sans crispation, sans trop vous y attarder : c'est de l'autosuggestion et ça fonctionnera de mieux en mieux, au fur et à mesure de votre entraînement[2]. Vous aurez déjà commencé à vous transformer !

Ne perdez cependant pas de vue le but immédiat qui est :

Quelle image aimerais-je avoir de moi ?

Demandez-vous à présent

- À quoi vais-je ressembler ?
- Est-ce envisageable ?
- Est-ce souhaitable ?

2. Pour plus de détails, voir de la même autrice : *Vivre au positif,* Éditions Jouvence.

- Est-ce qu'ainsi je pourrai croire en moi ?

En cas de doute, n'hésitez pas à revoir votre projet. Vous devriez pouvoir répondre OUI avec enthousiasme à toutes ces questions. Attention cependant à ne pas laisser une certain pessimisme gouverner le jeu : oui, vous pouvez gagner en confiance en vous et apprendre à vous considérer mieux que vous ne le faisiez jusqu'à ce jour, et ceci en toute vérité. Car il n'est évidemment pas question de vous « faire du cinéma » : l'amélioration doit être réelle, sinon tout cela resterait inutile.

Quel degré d'estime ai-je pour moi-même ?

Répondez aux questions de ce petit test en entourant la lettre de l'alphabet correspondant à la réponse choisie.

1) Avec des amis, la conversation va bon train et chacun s'exprime sur un point

litigieux. Votre avis diffère de celui des autres. Pensez-vous quand même avoir raison et tenez-vous à vous exprimer (**d**), ou vous taisez-vous de peur de paraître ridicule (**b**) ?

2) Osez-vous tenter d'apprendre seul une nouvelle technique, par exemple, un artisanat (**a**), ou avez-vous toujours besoin de vous sentir soutenu par un « spécialiste » (**c**) ?

3) Lors d'un débat ou d'une conférence, osez-vous prendre la parole de manière improvisée pour donner votre opinion sur le sujet traité (**a**), ou ne l'envisagez-vous pas le moins du monde, persuadé de votre ignorance (**b**) ?

4) Vous êtes invité dans un restaurant chic et avez pris grand soin de votre toilette. Vous sentez-vous fier des regards qui se tournent vers vous lors de votre arrivée (**d**), ou vous demandez-vous où est l'erreur dans votre tenue (**b**) ?

5) Vous venez de rencontrer l'homme ou la femme de votre vie. Il (ou elle) vous

complimente sur votre allure, votre esprit, vos connaissances ou toute autre chose. Vous aimez vous sentir reconnu et apprécié (**a**). Vous dites-vous que c'était juste pour vous flatter (**c**) ?

6) Votre patron vous propose une augmentation ou une promotion à laquelle vous ne vous attendiez pas. Votre première réaction est-elle de vous demander ce que cela cache (**b**) ? Ou vous félicitez-vous de bon résultat, fruit de vos efforts (**a**) ?

7) Prononcez-vous parfois l'une ou l'autre de ces phrases ?

- Je n'y arriverai jamais !
- Je ne suis pas assez doué pour cela.
- Je ne suis pas assez intelligent.
- Je suis trop moche pour qu'il/elle me remarque.
- De toute manière, je n'ai pas de chance et ne réussis jamais rien.
- Ah si j'étais riche, fort et beau….
- Mon opinion ? Vous voulez rire ! Je ne m'y connais pas assez.

- Ça ne vaut pas la peine d'essayer : c'est perdu d'avance.
- Me voulez-vous vraiment comme partenaire ? Vous êtes sûr que vous le voulez ? Vous savez, je ne suis pas très sûr de faire l'affaire…

(notez (c) pour chaque phrase dans laquelle vous vous reconnaissez).

8) Vous reconnaissez-vous dans ces phrases ?

- De toute manière, j'y vais : qui ne risque rien n'a rien.
- Oui, je pense que je peux le faire.
- Je suis très content de mon travail d'aujourd'hui.
- Je me sens très en forme ce soir…
- Cette tenue me met vraiment en valeur !
- Ce poste me conviendrait parfaitement : je suis pratiquement certain de l'obtenir !
- J'ai beaucoup de chance dans la vie et je me tire généralement fort bien des difficultés. D'ailleurs, elles m'ont

toujours apporté plus qu'elles ne m'ont fait perdre…

- Oui, je me sens tout-à-fait capable d'assumer cette responsabilité.
- En fait, je suis plutôt habile et doué dans plusieurs domaines.

Donnez-vous un (a) pour chacune des phrases dans laquelle vous vous reconnaissez.

*Additionnez les **d** et les **a** obtenus et comptez un point par lettre cochée. Faites de même pour les **b** et les **c** et retirez un point par lettre cochée.*

Calculez à présent le résultat de vos réponses.

*De **12 à 15 points :** il n'y a aucun doute à avoir sur l'estime que vous vous portez à vous-même. Êtes-vous bien sûr d'avoir été tout-à-fait honnête ? Sachez quand même vous remettre en question de temps en temps, ce qui ne signifie pas douter de vous !*

De ***8 à 11 points :*** *votre confiance en vous est plutôt bonne et vous savez reconnaître vos qualités, ce qui très important dans la vie. Travaillez encore vos points faibles pour rester sûr de vous en toutes circonstances.*

De ***1 à 7 points :*** *vous avez tout intérêt à travailler à fond les techniques proposées. Les bénéfices ne tarderont guère !*

De ***0 à –5 :*** *là, c'est sûr, vous avez un problème et votre image de vous a beaucoup souffert. Il va vous falloir regagner un minimum d'estime de vous-même, sinon votre situation restera fort précaire. Si vous n'apprenez pas à vous estimer, pourquoi les autres le feraient-ils ?*

Au delà de ***–6 :*** *soit vous avez noirci le tableau à loisir (pourquoi ?), soit votre chiffre correspond à une triste réalité. Inutile d'insister sur la nécessité de faire quelque chose : vous l'avez déjà compris. Au moins dites-vous que vous ne pourrez guère tomber plus bas. Un coup de pied vigoureux au fond et c'est la remontée ! Courage !*

Votre évaluation personnelle

Afin de compléter votre bilan, vous allez procéder à une évaluation personnelle, certes subjective, mais qui vous permettra de préciser votre opinion vous concernant. Vous en tirerez les conclusions qui s'imposent, toujours bien entendu dans un sens constructif: mieux vous vous connaîtrez, plus vous aurez de possibilités de vous améliorer.

Dans le tableau ci-dessous, marquez à présent d'une croix la case correspondant à la note (de 1 à 10) que vous vous attribuez dans le domaine indiqué dans la colonne de gauche.

Optimisme	1	2	3	4	5	6	7	8	9	10
Sociabilité										
Ténacité										
Dynamisme										
Réflexion										
Sincérité										
Souplesse										
Confiance en soi										
Intelligence										
Connaissances										

Comparez à présent votre estimation avec les listes que vous avez établies et tirez-en des conclusions. Vérifiez s'il y a ou non concordance. Cela peut encore faire ressortir quelques approximations dans votre auto-diagnostic et vous aider à le rendre plus précis. Efforcez-vous d'en tirer une synthèse dans laquelle vous vous reconnaissiez. Le cas échéant, montrez-la à votre meilleur ami et demandez-lui si ce tableau de vous-même lui semble correct : la position d'observateur facilite un examen plus impartial. Son avis vous sera précieux.

À présent, vous avez un bon aperçu de votre image ainsi que de l'estime que vous vous portez. L'estimation du degré de confiance en vous qui en découle doit être assez proche de la réalité.

Il est temps à présent d'aborder les moyens que vous allez mettre en œuvre pour opérer quelques transformations et remises en état nécessaires. Rendez-vous au chapitre suivant.

Chapitre 3

Remodelez votre image

« Tous les pouvoirs, toutes les vertus, toutes les beautés, toutes les possibilités que vous reconnaissez chez les autres, vous les avez aussi en vous : toutes les joies que vous voyez préparées pour les autres sont aussi préparées pour vous… »

Walt Whitman

Si vous avez pris le temps de bien vous examiner, vous constatez certainement maintenant que vous avez beaucoup gagné en connaissance de vous-même et que vous êtes capable de vous considérer avec plus de justesse. Vous connaissez mieux vos points forts et vos points faibles, l'image que vous avez de vous-même est plus précise et vous savez à présent ce qu'il vous faut changer, améliorer, amplifier ou transformer.

Vous allez maintenant aborder la phase de reconstruction.

Fixez-vous des objectifs

Soyez précis. Complétez les phrases suivantes après y avoir bien réfléchi. Songez que, sans objectif clair, nul n'arrive jamais à rien. Si vous prenez votre voiture sans savoir où vous désirez vous rendre, vous allez tourner, dépenser de l'essence et vous changer les idées, mais vous n'arriverez nulle part. Quand vous voulez vous rendre en un lieu précis, vous vous en donnez les moyens et vous y réfléchissez avant de partir.

Exemple : Je veux transformer (telle attitude, défaut, manque...) en (telle qualité, aptitude...).

Écrivez vos réponses :

1) Je veux transformer

____

en ....

____

en ....

____

en ....

____

en ....

en ....

en ....

en ....

2) Je voudrais être plus

3) Je voudrais devenir moins

4) Ce dont je souffre le plus, c'est de

5) Je vais m'efforcer de

6) Les qualités que j'apprécie le plus chez les autres sont

7) Croire en moi, mieux m'estimer, va me permettre de

Je me crée moi-même par ma pensée…

… et je crée le monde ! Bien des philosophes, soutenus en leur hypothèse par d'éminents physiciens contemporains, pensent que l'*énergie* (les fameux *champs L* du Docteur Burr ou ce que le physicien Rupert Sheldrake nomme les *champs morphogénétiques*) est à l'origine de la matière, et non l'inverse. Il s'agirait d'un sorte de « moule » permettant à la matière de prendre forme selon un schéma spécifique.

Notre conscience – de nature énergétique, constituée de matière subtile selon certains – serait ainsi l'instrument permettant de concrétiser nos désirs. Encore faut-il savoir maîtriser cette force considérable dont il semble souvent que nombre de nos contemporains aient égaré le mode d'emploi !

Si nous devenons ce que nous pensons profondément (et pas simplement l'idée que nous nous en faisons en surface !), peut-être ne serait-il pas inutile d'en contrôler le mécanisme et l'objectif. Faute d'une connaissance élémentaire de ce pouvoir que nous possédons tous, c'est le « pilote automatique » qui dirige nos vies, et pas toujours dans la direction que nous souhaiterions. Estimons-nous déjà heureux quand il n'est pas « grippé » au point de nous mener droit au désastre !

La matière est influencée par celui qui l'observe

Le Docteur Deepak Chopra[3] souligne aussi un nouveau concept auquel s'intéresse de plus en plus la physique contemporaine et selon lequel « Le monde physique, qui comprend notre corps, est une réaction de l'observateur. Nous créons notre corps tout en créant l'expérience de notre monde. » Il s'agit là, d'ailleurs, d'un processus fort dérangeant pour nos scientifiques, lesquels commencent à entrevoir une interaction possible (et même probable) entre leurs pensées et le résultat de leurs expériences !

---

3. *Un corps sans âge, un esprit immortel*, J'ai Lu, 2010.

Ce qui compte pour vous, c'est la prise de conscience du rôle essentiel de vos convictions profondes sur tous les aspects de votre existence. Votre santé est chancelante ? Re-pensez votre corps. Vous manquez d'argent ? Ré-examinez vos convictions profondes et leur rôle possible en ce domaine. Vous ne vous aimez pas ? Voyez pourquoi et retrouvez votre pouvoir sur vous-même. Cette nouvelle hypothèse ouvre sur tous les possibles ! Faites en sorte que votre monde commence enfin à ressembler à celui dans lequel vous aimeriez vivre et évoluer.

Apprenez à vous voir tel que vous désirez être

Dès cette prise de conscience, tout commence déjà à changer pour vous et dans votre vie. Aussi est-il important de prendre tout le temps de réflexion nécessaire afin de bien vous en pénétrer. Aussitôt que cette notion nouvelle est ancrée en votre conscience, tout prend à vos yeux un aspect nouveau. Votre responsabilité nouvelle, loin d'être le fardeau habituel de celui qui doute de ses forces et de ses capacités, vous remplit d'un enthousiasme neuf et d'une énergie renouvelée. Car, enfin, vous savez où se trouve la pédale d'embrayage de votre véhicule et vous pouvez en user librement pour vous diriger. Alors, n'hésitez plus : songez bien à ce que vous désirez, puis, votre décision prise, foncez !

L'une des méthodes les plus efficaces permettant d'opérer rapidement cette transformation est l'autosuggestion bien conduite et bien comprise. Nous ne reviendrons pas sur cette méthode que j'ai déjà expliquée en détail dans un autre livre[4]. Souvenez-vous simplement que pour que cela « marche », il est essentiel d'ancrer en profondeur la certitude du résultat à venir, lequel existe déjà, comme une graine qui a déjà commencé sa germination souterraine bien que la plante ne soit pas encore apparue en surface. Si vous êtes arrivé à implanter en vous cette certitude, vous en éprouvez naturellement de la

4. Voir *Vivre au positif* de la même autrice ainsi que *Une fenêtre vers le bonheur* (épuisé) de Liah Kraft-Kristaine et *Choisir d'aimer* d'Eileen Caddy (épuisé), aux Éditions Jouvence.

joie, émotion nécessaire à l'ensemble du processus.

Modifiez votre dialogue intérieur

Nous venons de le souligner, à chaque instant de notre vie, notre esprit exploite nos convictions subjectives sans les remettre en question. Pour lui, « c'est comme ça et pas autrement ». Si, comme c'est généralement le cas, il est saturé de négativités de toutes sortes, il va les reproduire dans notre réalité quotidienne, fidèlement, avec ténacité. Et nous continuerons de récolter toujours les mêmes fruits empoisonnés et de nous en plaindre.

Faites en ce cas ce que ferait tout bon jardinier : arrachez sans regret ces arbres et plantes dont vous ne voulez plus et remplacez-les par ceux dont vous avez toujours désiré les fruits sans avoir jamais fait ce qu'il fallait pour les obtenir !

Votre dialogue intérieur est en cela essentiel : vous devrez lui accorder beaucoup d'attention sur une très longue période. Car c'est à ce niveau que se répète, des milliers de fois par jour, la programmation défectueuse qui vous gâche si bien la vie. Et ce, depuis de très nombreuses années ! Les racines plongent donc très profondément et ce n'est que par une surveillance constante que vous pourrez vous en défaire.

Pensez à un animal auquel on a permis de prendre de mauvaises habitudes quand il était petit. Par exemple, vous avez laissé votre bébé chien vous « mâchouiller » gaiement les poignets au cours de ses jeux anodins. Mais il a maintenant un ou deux ans, pèse cinquante kilos… et continue son jeu « anodin » ! Vos poignets savent ce qu'il en coûte et récoltent le fruit de ce mauvais dressage. Il faut bien du temps et de la patience pour corriger un tel défaut… Il en va de même pour vous.

Commencez par relire votre nouvel autoportrait, celui que vous avez rédigé à la suite de votre bilan. Relisez aussi vos objectifs. Imprégnez-vous de cette nouvelle image de vous aussi souvent que possible.

Le meilleur moment se situe le soir, avant de vous endormir.

Au cours de la journée, portez de l'attention à vos « anciennes » attitudes intérieures, celles que vous êtes en train de modifier. Dès que vous vous prenez à penser selon les vieux schémas, essayez aussitôt de rétablir une formulation plus juste et appropriée.

Par exemple : vous devez affronter une situation qui vous stresse habituellement. Vous pensez, comme toujours : « J'ai *peur* de m'*énerver* à nouveau… Pourvu que je sache garder mon calme… Je pourrais peut-être *oublier* ce rendez-vous… Je suis vraiment trop nul ! etc. ». Notez le nombre de suggestions négatives incluses dans ce bref échantillon de monologue intérieur : elles vont toutes contribuer à l'aggravation de cette situation. Remplacez-les alors par des suggestions d'équilibre, de calme, de confiance en vous. Ne vous autorisez plus ces longues listes de récriminations à votre encontre. Transformez-les en ce que vous désirez.

Bien entendu, soyez réaliste : si votre nez est trop long, il n'est pas question de vous suggérer qu'il ressemble à celui de Claudia Schiffer ! Par contre, vous pouvez cesser de focaliser votre attention sur lui. Pensez que ce n'est pas le nez de tout le monde et que bien des hommes et femmes célèbres n'étaient pas pour autant des top models ! Cultivez l'humour et sachez prendre du recul.

En fait, dès que vous vous surprenez en flagrant délit de dialogue négatif avec vous-même : pensez STOP ! et reprenez le tout sur un mode différent. Avec un brin de pratique, les idées négatives attireront aussitôt votre attention, ce qui vous permettra une rectification immédiate pour votre plus grand bien-être.

Affrontez vos images de peur

Parmi les pensées négatives qui nous assaillent quotidiennement, les images de peur sont les plus fréquentes et les plus nocives. « C'est certain, cette fois-ci, je n'aurai pas de quoi vivre jusqu'à la fin du mois… ».

« Pourvu qu'il n'arrive rien à ma fille... ».
« Tout va mal en ce moment... ».

Apprenez quand même à faire la différence entre ces pensées négatives sans autre fondement que votre habitude d'être inquiet et la crainte légitime dont le but est de vous protéger. La peur et le doute, tant qu'ils restent en de justes limites, sont aussi vos alliés.

Dès que se présentent des pensées de peur, modifiez-les en positif et imaginez-vous heureux de vivre, en toute sécurité, entouré des vôtres. Respirez cette paix et cette tranquillité. Ne vous laissez pas emporter vers le passé ni vers l'avenir : le présent est à la fois rassurant et le seul élément que vous puissiez contrôler. Ne laissez pas vos peurs diriger votre vie !

Faites-vous respecter des autres

Vous commencez à vous sentir différent mieux dans votre peau. Vous commencez aussi à éprouver enfin de la sympathie à votre égard.

De votre côté, ça va donc un peu mieux. Cependant, vous n'êtes pas seul en cause.

Apprenez à lutter contre la codépendance

En effet, vous avez bien souvent, sans le vouloir, donné à vos proches de mauvaises habitudes, trop de pouvoir sur vous, par exemple en acceptant des comportements tyranniques ou dominateurs.

Comme la plupart des personnes souffrant d'une mauvaise image d'elles-mêmes, vous avez toujours considéré que le bonheur des autres – de tous les autres – passait avant le vôtre. Vous leur avez accordé des privilèges que vous vous refusiez à vous-même et, maintenant, l'habitude est prise. En fait, vous vous êtes comporté comme ces parents qui couvent trop leur enfant, le rendant ainsi insupportable !

En un mot, vous étiez devenu codépendant. Ce terme, autrefois associé au fait de partager la vie d'un alcoolique, s'applique maintenant à toutes les situations dans lesquelles une personne accorde plus d'importance aux désirs et sentiments de l'autre qu'aux siens propres et le fait toujours passer avant elle.

Vous êtes une personne à part entière

À présent que vous vous sentez vous épanouir, ce qui vous paraissait jusqu'alors normal (et dont vous étiez en partie responsable) vous devient intolérable. Vous ressentez *enfin* le désir si légitime d'être traité comme une personne à part entière et non plus comme une sorte de serviteur (ou de servante) discret et effacé. Vous voulez vivre pour vous et vous attendez des autres les mêmes attentions que vous aviez à leur égard.

Efforcez-vous, sans agressivité ni reproches, de rétablir une plus juste répartition des tâches et des soucis domestiques : vous vous en sentirez beaucoup mieux et, probablement, les autres aussi.

Il n'est pas question, bien sûr, de traiter ici, en quelques lignes, d'un problème aussi complexe que celui de la codépendance. Cependant, cette première prise de conscience, ajoutée aux précédentes, peut vous être d'un secours immédiat, simplement en balayant cette culpabilité que vous éprouvez habituellement lorsque vous prenez du temps pour vous-même.

Les autres ne vous montreront guère de respect si vous ne vous respectez pas vous-même et il n'est pas toujours simple de se faire respecter quand on a vécu toute une vie dans l'effacement. C'est cependant indispensable. Votre vie vous appartient et c'est non seulement un droit, mais un devoir, que de vous réaliser le plus pleinement possible. Sachez cependant qu'il est des cas trop complexes pour être affrontés seul : n'hésitez pas à faire appel à un thérapeute en cas de besoin.

Transformez vos comportements négatifs

Vous allez utiliser à nouveau quelques feuilles de papier sur lesquelles vous noterez les points à modifier et le résultat visé. Cette technique demande à être pratiquée à plusieurs reprises, en plongeant de plus en plus profondément en vous-même. Voici comment procéder.

Prenez *trois* feuilles de papier.

Sur la première, écrivez les *points que vous désirez transformer :* comportements, réactions, façons de penser, habitudes, manques, excès, etc.

Notez aussi *en quoi* ils doivent être transformés. Par exemple, vous écrivez : « J'ai peur de m'exprimer devant un groupe de personnes ».

Vous continuez en exprimant votre désir : « Je désire oser prendre la parole chaque fois que j'en éprouve l'envie. »

Sur la seconde feuille, notez *les raisons* qui ont donné naissance à cette difficulté particulière : événement, trauma, expérience, manque de confiance en soi, faiblesse, éducation, etc. Essayez surtout de vous souvenir des circonstances qui vous ont amené à l'expérimenter pour *la première fois*.

Écrivez par exemple : « J'avais trois ans ; ma mère m'a obligée à chanter une chanson lors d'une fête. J'ai eu très peur quand elle m'a placée sur une table : je craignais de tomber. Aussi ai-je mal chanté, les gens ont ri et ma mère était mécontente. » Notez aussi d'autres circonstances qui peuvent vous revenir à l'esprit au cours de votre réflexion : elles ne seront pas le fruit du hasard et serviront sans doute à éclairer votre comportement.

Sur la troisième feuille, inscrivez *comment* il vous semble possible de modifier la situation.

Écrivez par exemple : « Je ne vais quand même pas m'interdire de m'exprimer ma vie durant simplement pour quelque chose qui a eu lieu quand j'avais trois ans ! À présent, je sais pourquoi je me comporte ainsi et je vais me donner des opportunités de m'exprimer en public. Je me promets que dorénavant, je dirai ce que j'ai à dire chaque fois que j'en aurai l'occasion. Je participerai de temps à autre à des réunions au cours desquelles je dirai quelques mots.

Placez ensuite ces feuillets, ou fixez-les avec du papier collant, à la suite les uns des autres : une vision d'ensemble de la situation vous en facilitera grandement la compréhension.

1re feuille	2e feuille	3e feuille
POINTS À CHANGER EN QUOI ?	POURQUOI EST-CE AINSI ?	COMMENT FAIRE ?

Il est très important d'écrire ce genre d'informations : vous constaterez aisément combien cela aide à dissoudre les difficultés, ainsi qu'à les dédramatiser. De plus, ce que vous *exprimez* – c'est-à-dire, ce que vous faites *sortir* de vous, par exemple en l'écrivant – ne fait plus peser sur vous sa charge de rancœur, de regrets, de colère, d'insatisfaction, de frustration. Vous verrez : l'effet en est quasi magique !

Prenez comme sujet de cet exercice une situation, une réponse habituelle à un stimulus donné. Ne prenez pas un défaut, mais le comportement que ce défaut vous pousse à adopter. De même, transformez ce comportement en un autre, mieux adapté.

Améliorez votre image physique

Pourquoi ne pas profiter de votre élan pour analyser de quelle manière vous pourriez vous sentir mieux dans votre corps, dans vos vêtements ? Ceux-ci constituent une part de vous-même et donnent de vous une certaine impression sur laquelle bien des gens vont se baser pour se faire une première opinion. C'est donc un point à ne pas négliger.

Demandez conseil si nécessaire : vous avez pris l'habitude de vous voir d'une certaine façon et vous êtes mal placé pour en juger. Une autre personne sera mieux à même de vous éclairer sur ce point.

Osez changer :
- de « look » ;
- de style de vêtements ;
- de coiffure ;
- de démarche ;
- de maquillage.

Passé le premier choc en vous découvrant différent, vous vous sentirez quelqu'un de neuf, prêt pour un nouveau départ, une nouvelle aventure ! Quant aux autres, ils vous verront autrement, ce qui pourra aussi vous aider à porter sur vous-même un regard autre.

Pratiquez la technique du tableau

Il s'agit là d'une technique extrêmement efficace. Elle vous permettra de retravailler votre image, de même que de résoudre toutes sortes de problèmes, tels que vous défaire d'une mauvaise habitude ou arrêter de fumer, par exemple.

Après vous être relaxé en profondeur, Visualisez-vous en un lieu de calme et de détente, où vous vous sentez en pleine sécurité (la plage de vos vacances, au bord d'un ruisseau ou tout autre lieu de votre choix). Visualisez deux tableaux côte à côte : un tableau noir et un tableau blanc.

Toujours par l'imagination, notez sur le tableau noir le comportement à modifier. Écrivez à la craie sur le tableau, de sorte que chaque mot vous apparaisse distinctement. Contemplez ensuite avec dégoût et colère les phrases inscrites sur ce tableau ; puis, brisez-le. En le détruisant de cette manière, vous allez effacer de votre subconscient votre mauvaise habitude.

Inscrivez sur le tableau blanc ce que vous désirez développer. Éprouvez un intense sentiment d'approbation et de plaisir à la lecture de ces mots. Représentez-vous avec joie votre but comme étant déjà atteint !

Il faut répéter de nombreuses fois cette technique.

En résumé, pour résoudre un problème avec la technique des tableaux, les deux points importants sont donc :

- destruction du tableau noir où figurent les points négatifs à modifier ;
- représentation du tableau blanc avec les changements réalisés.

Appliquez régulièrement cette technique simple en choisissant pour objet les éléments de vous-même que vous avez décidé de remodeler. Puis, imaginez-vous en train de vous comporter de la nouvelle façon et éprouvez-en une joie intense ! Le secret de l'efficacité réside dans la régularité avec laquelle vous pratiquerez cet exercice.

Chapitre 4

S'aimer soi-même

Il est dit dans l'Évangile : « Aimez votre prochain comme vous-même ». Il faudrait plutôt dire : « Aimez votre prochain plus que vous-même, car en général vous ne vous aimez pas vous-même. Comment en ce cas pourriez-vous aimer les autres ? »

Ulrich de Mayence

Il reste quelques intéressantes questions à vous poser. Répondez honnêtement :

- Est-ce que je m'aime vraiment ?
- Qu'est-ce que j'aime en moi ?

Quelles sensations ces questions suscitent-elles en moi :

- bien-être ;
- malaise ;
- évidence, etc.

En effet, bien souvent la simple évocation de l'amour de soi éveille un curieux sentiment de malaise, lié à l'interprétation judéo-chrétienne déformée tendant à nous faire croire que nous devons nous oublier nous-mêmes en faveur de Dieu et de notre prochain. C'est une aberration évidente, mais à laquelle nous avons pris l'habitude de croire sans jamais la remettre en cause. L'image du martyre et du saint qui se sacrifient a trop souvent été mise en exergue durant notre enfance pour que nous n'en gardions pas quelque trace !

Ce n'est cependant pas ce que disaient les Évangiles, comme le soulignait justement Ulrich de Mayence. Si je n'ai pas d'amour pour moi, je fais insulte à mon créateur. Comment aimerais-je les autres, faits de la même chair et du même esprit ? Si je ne suis pas heureux, comment apporterais-je aux autres du bonheur ? Je ne pourrai partager que ce que je possède, à savoir tristesse, frustration, épuisement, manque. Est-ce bien cela que je désire pour ceux que je pense aimer et auxquels je désire tant venir en aide ?

Répondre à ces quelques questions est hautement curatif !

L'amour de soi

Cette simple notion reste généralement entachée de l'analogie rapide faite avec l'égoïsme, l'égocentrisme et le narcissisme. Comme si s'apprécier soi-même et se l'avouer était un vice ! Ce type de raisonnement qui imprègne encore nos sociétés occidentales doit être combattu fermement : il n'a déjà gâché que trop de vies.

Il est normal et sain de s'apprécier à sa juste valeur, de reconnaître ses talents et de les faire fructifier. Comment serait-ce possible sans estime de soi, sans une saine appréciation et reconnaissance de ses propres capacités ? Ce n'est pas de l'orgueil, mais de la sagesse. Pas plus que n'est une qualité cette humilité mal placée et mensongère qui pousse certains à se dénier à eux-mêmes toute espèce de valeur ou de talent !

Ces distorsions ont traversé tant de siècles que l'on ne peut s'étonner de les retrouver ainsi lovées au plus profond de soi. Mais c'est une forme de devoir envers nous-mêmes et la société que de les déloger et opérer les rectifications qui s'imposent.

Le jour où tous les humains de cette planète croiront en eux, sauront se faire confiance et éprouveront une estime justifiée à leur égard, comment imaginer qu'il puisse encore y avoir ces guerres, manques, intrigues, manipulations et tous ces états de dépendance qui, certes, ruinent notre économie mais, d'autre part, satisfont aussi nos gouvernants, tant il est vrai qu'un esprit libre est difficile à gouverner et assujettir. Il est plus facile de mener un troupeau de moutons auquel on peut faire croire n'importe quoi que de gouverner un pays d'hommes libres, indépendants et épanouis. Ce devrait pourtant être le but de tout état dit libre et démocratique!

Faites aussi confiance à votre corps

Votre corps fait partie intégrante de l'image que vous avez et donnez de vous-même. Sain, vigoureux, en bonne santé, il donne de vous l'image d'un être dynamique et riche de possibilités. Affaibli, malade, avachi, sans ressort, il vous ferme bien des portes et vous gâche la vie.

Ce corps, vous l'habitez de votre arrivée sur cette terre jusqu'à votre départ. Prenez conscience de l'importance qu'il revêt : que feriez-vous ici sans lui ? Voyez tout ce qu'il vous permet d'accomplir, de réaliser, de vivre. Ce corps est une merveille ! Prenez-en donc soin, respectez-le et apprenez à l'aimer.

Ne vous focalisez pas sur des défauts sans importance : considérez avant tout ses incroyables aptitudes et réjouissez-vous en. Voulez-vous courir : il s'exécute aussitôt. Marcher, vous asseoir, regarder au loin ou fermer les yeux ? Son obéissance est instantanée. Votre cœur bat sans effort de votre part, votre respiration s'autorégule selon vos besoins et la plupart de vos fonctions sont automatiques. Bien souvent, hélas on ne prend conscience de toutes ces merveilles que lorsqu'un accident nous en a privé… La sagesse voudrait donc que l'on sache apprécier ce qu'il nous permet alors qu'on est libre d'en disposer à loisir.

Encore quelques questions. Considérez-vous habituellement votre corps :

- comme un ami toujours disposé à vous servir, plein de bonne volonté et de désir de vous plaire ?
- ou comme un ennemi toujours prêt à vous trahir en tombant malade, en vieillissant, en étant fatigué alors que vous avez besoin de lui ?

Songez à l'extraordinaire organisation de votre corps ; nul savant ne saurait le reproduire et personne à ce jour ne peut dire qu'il en connaît tout le fonctionnement. Comment, en ce cas, comprendre l'optique actuelle de la médecine occidentale, pour laquelle le corps est véritablement l'ennemi contre lequel chacun se doit de se protéger par des vaccins, des produits destructeurs de la vie (les antibiotiques !) et autres chimiothérapies, et dont on s'empresse d'arracher les organes rendus « malades » par notre mode de vie et de penser aberrant.

Ne pensez-vous point que ce corps mérite mieux de nous : un peu de confiance, de soins, d'amour enfin[5]. Il est équipé de systèmes complexes d'autorégulation, il sait aussi se réparer lui-même : encore faut-il en être conscient et lui permettre d'accomplir cette tâche. Une bonne santé, ce sont bien sûr des soins appropriés, une nourriture équilibrée, une vie saine, suffisamment de repos et de l'exercice régulier. Mais c'est aussi savoir écouter son corps, le comprendre, en saisir les messages d'alarme et lui donner ce dont il a besoin tant qu'il en est encore temps. Faites enfin confiance à votre corps : il vous le rendra bien !

---

5. Voir : *Transformez votre stress en vitalité*, et *Stimulez votre énergie vitale*, Mantak Chia, aux Éditions Jouvence.

Offrez-vous un bain de lumière

Avant de refermer ce livre, un dernier exercice destiné à vous aider en cas de doute ou de perte momentanée de confiance en vous. Vous pouvez le pratiquer à tout moment de la journée en quelques secondes. Il est même souhaitable d'en prendre l'habitude et de le faire plusieurs fois par jour, dès que vous vous sentez fatigué ou tendu : l'effet augmente avec la pratique !

Imaginez-vous enveloppé d'une lumière brillante : voyez-la se déverser sur vous en une fraîche cascade ou en un chaud bain de soleil, selon votre convenance. Elle vous détend, vous purifie, vous nettoie de toute obstruction, de toute tension, de toute crainte. Ressentez l'énergie qui vous envahit à son contact. Abandonnez-vous un moment à la chaleur et au bien-être de ce bain de soleil intérieur. Remplissez-en l'endroit où vous vous trouvez. Profitez de cet instant de calme. Vous en sortirez régénéré et plus sûr de vous.

Et maintenant, croyez en vous !

Vous avez pratiqué avec persévérance les exercices proposés et vous avez constaté à quel point votre manque de confiance en vous avait été un obstacle à votre réalisation personnelle.

Vous avez aussi compris toutes les raisons qu'il y avait de vous apprécier et de croire en vous-même. Cette simple constatation est en elle-même curative. Déjà vous vous sentez transformé et ce n'est qu'une question de temps et d'attention vigilante pour constater à quel point le fait de mieux vous aimer va changer votre vie et l'orienter selon vos désirs.

Vous rendrez d'ailleurs votre entourage plus heureux et vos enfants plus épanouis, tant il est vrai que seul l'exemple agit. En apprenant à vous respecter, vous allez aussi forcer le respect des autres. Votre aventure intérieure provoquera de nombreuses et agréables réactions. Jouez le jeu à fond :

retrouvez-vous, appréciez-vous, faites-vous confiance et par dessus tout, aimez-vous ! C'est l'un des secrets du bonheur et d'une existence longue et épanouie.

En quête de mon Moi supérieur…

Peut-être serez-vous porté à vous poser cette ultime question : *Croire, avoir confiance en moi, certes. Mais quel est ce moi dans lequel je suis censé croire ? Est-il fiable ?*

Est-ce en ce petit moi limité – de fait ma personnalité, avec mes qualités, mes défauts – que j'ai confiance ? J'en connais certes les limites et les imperfections. J'en apprécie les efforts et j'éprouve à son égard estime et amour : il mérite bien mes encouragements et mon soutien inconditionnel.

Comme un enfant qui se développe harmonieusement dans une atmosphère chaleureuse et encourageante, mon moi respire et se sent à son aise lorsque je l'autorise à s'exprimer librement, le félicitant des succès obtenus et l'encourageant à mieux faire dans les autres circonstances. Bien sûr, je garde le contrôle et ne l'autorise pas à se comporter comme un gamin mal élevé et dissipé : il est mon instrument et je l'utilise comme tel !

Mais qui donc parle ainsi ? Qui s'exprime donc en maître de son instrument, de cette personnalité à laquelle j'ai pris l'habitude de m'identifier ? Y a-t-il donc quelqu'un qui la gouverne, qui me gouverne ?

Les philosophes, les penseurs l'appellent le Moi supérieur, celui qui régit l'ensemble avec la distance de sa manifestation sur des plans plus subtils. C'est lui qui s'exprime dans le silence de ma conscience apaisée par la méditation ou la prière, qui est un état et non une demande. C'est lui qui éclaire parfois d'une intuition soudaine mon esprit affolé de questions sans réponses. Lui qui m'inonde en des moments privilégiés de cette énergie vibrante qui me donne le sentiment d'être invincible, pleinement moi, allégé des fardeaux de ce monde, bien que pleinement présent. Lui, mon Moi d'une dimension qui ne se manifeste sur cette terre qu'au travers d'un corps, me submerge parfois d'une connaissance tellement immense, d'une telle lumière que mon simple esprit humain n'est pas encore assez vaste pour la contenir ni la retenir.

Ce Moi parfait, omniscient, qui souffre des restrictions de ma conscience enfermée dans ce corps de matière dense, comment ne lui ferais-je pas confiance, pleinement, entièrement ! Je souhaite seulement qu'il inonde de son énergie mon moi d'ici, si faible par lui-même, si fragile lorsqu'il se prend pour le maître absolu et veut tout diriger, régenter, comme le borgne au royaume des aveugles.

Car il semble bien que ce soit là le but de cette aventure : transfuser l'énergie de là-bas ici, pour tout transmuter, tout rendre aussi vaste et léger que dans ces états privilégiés auxquels j'accède par moment, sans trop savoir encore comment. Et si cela doit être, le monde en sera affecté tout entier. Une particule d'énergie claire, c'est de la lumière pour tous.

Nos physiciens nous expliquent que nous baignons dans un océan d'énergie qui nous relient tous les uns aux autres. Ainsi dépendons-nous aussi tous les uns des autres. Si je suis mal, tu l'es un peu aussi, même si tu ne me connais pas. Si j'élève le niveau de mes vibrations, tu t'en sentiras mieux, même à dix mille kilomètres de distance.

S'il en est bien ainsi, et je le crois, il importe beaucoup que je demeure au maximum en contact avec cette énergie que déverse en permanence ce Moi plus vaste. Ma personnalité s'en trouve affectée, transformée, améliorée, élargie et donc plus facile à aimer. J'aime faire des progrès, c'est cela que je recherche, non pas la perfection. J'aime le chemin que je parcours : je m'efforce d'attirer ici ce que je perçois de plus grand là-bas, ce là-bas qui est aussi ici, juste à côté, plus proche de moi que ne l'est mon propre souffle.

Croire en moi, c'est avant tout croire en Moi, cette dimension supérieure de moi-même et des autres. Il m'est facile de faire confiance à ce qu'il y a en moi d'illimité, d'évolutif, de lumineux et de joyeux. Ainsi puis-je vraiment dire :

oui, j'aime ce que je suis
et je crois en moi !

**De la même autrice
aux Éditions Jouvence :**

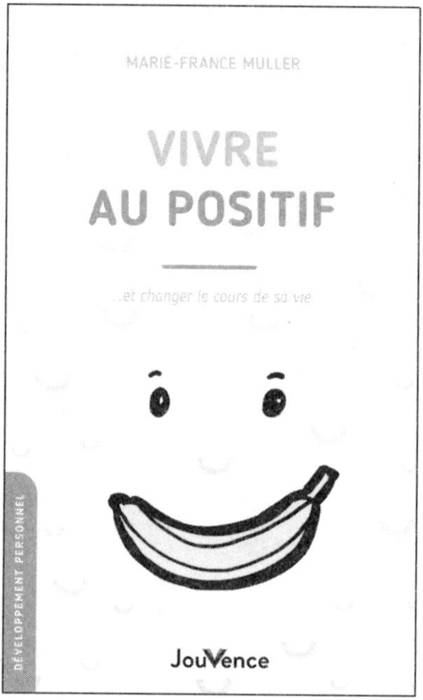

Vivre au positif
... et changer le cours de sa vie

« C'est chaque jour que vous continuez à vous créer et à modeler votre vie. Et s'il n'est pas possible de changer les autres pour avoir la vie que vous méritez – réussie et épanouie – le seul domaine sur lequel vous puissiez agir c'est vous-même. »
Par des techniques simples et efficaces d'auto-suggestion, l'autrice vous apporte des moyens pour vous reprogrammer et passer ainsi du négatif au positif.

120 pages • 5,95 €

Le Chlorure de magnésium
Un remède miracle méconnu

Fatigue, manque de tonus, constipation, mémoire, irritabilité, mais aussi angines ou grippe... la liste des indications du chlorure de magnésium est impressionnante et ses résultats probants. Un remède à (re)découvrir absolument !

120 pages • 5,95 €

L'Argile facile
Une thérapie naturelle millénaire

L'argile est l'un des remèdes les plus anciens et les plus universels, aux ressources incomparables. Appliquée en compresses ou cataplasmes, diluée dans de l'eau et ingérée, l'argile est un agent thérapeutique polyvalent aux propriétés exceptionnelles. Cette terre merveilleuse, sans être une panacée universelle, vous permettra de soulager de nombreux maux.

120 pages • 5,95 €

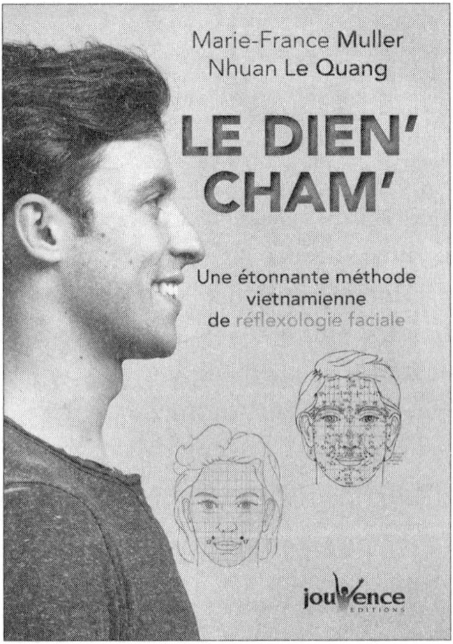

Le Dien' cham'
Une étonnante méthode vietnamienne
de réflexologie faciale
Marie-France Muller et Nhuan Le Quang

Soulagez vos maux (de tête, de dos, etc.) en quelques minutes, par le simple massage d'une soixantaine de points réflexes situés sur votre visage. Une fois mémorisée, cette technique vous permettra de vous sentir bien dans votre peau, en un minimum de temps et d'effort.

Dépôt légal : janvier 2023
Achevé d'imprimer en décembre 2022
Imprimé en France sur les presses de Laballery
N° d'impression : 211483